# Guerramor

## Pedro Galvão

Inocêncio Pérez - Ilustrações

escrituras

São Paulo, 2015

Copyright do texto © 2015 Pedro Galvão
Copyright das ilustrações © 2015 Inocêncio Pérez
Copyright da edição © 2015 Escrituras Editora

Todos os direitos desta edição reservados à

**Escrituras Editora e Distribuidora de Livros Ltda.**
Rua Maestro Callia, 123 – Vila Mariana
São Paulo, SP – 04012-100
Tel.: (11) 5904-4499 / Fax: (11) 5904-4495
escrituras@escrituras.com.br
www.escrituras.com.br

Projeto editorial
Pedro Galvão e Inocêncio Pérez

Ilustrações
Inocêncio Pérez

Direção de arte
Inocêncio Pérez e Rosenildo Franco

Assistente de arte
Cláudio Assunção

Editoração eletrônica
Ricardo Borges

```
Dados Internacionais de Catalogação na Publicação (CIP)
     (Câmara Brasileira do Livro, SP, Brasil)

Galvão, Pedro
   Gerramor / Pedro Galvão; Inocêncio Pérez,
ilustrações. — São Paulo: Escrituras Editora,
2015.

   ISBN 978-85-7531-646-7

   1. Poesia brasileira I. Pérez, Inocêncio.
II.  Título.

15-04032                              CDD-869.91
           Índices para catálogo sistemático:

   1. Poesia: Literatura brasileira   869.91
```

Impresso no Brasil
*Printed in Brazil*

Dois motivos me levaram à reeditar este poema, já publicado em livro (*Bissexto*, 2007, Arte Paubrasil).

Um deles, a necessidade que senti de repará-lo, com a exclusão de quatro tercetos e a alteração de alguns versos. Receio não ter sido tão severo quanto devia.

Mas o mais importante são as belas ilustrações do meu amigo Inocêncio Pérez, feitas especialmente para o *Guerramor* e que acabaram por determinar a forma desta edição.

Inocêncio nasceu em Buenos Aires, começou em publicidade aos 14 anos e se aplicou ao estudo de desenho, pintura e teoria da cor. Aos 19, veio para o Rio de Janeiro impressionado com a construção de Brasília, a música brasileira e a feijoada. Impressionante mesmo foi uma gaúcha chamada Zeni, por quem se apaixonou, com ela se casou e tem uma filha cinematográfica, a Fernanda.

Em 1963 foi-se embora pra Madri mas acabou escolhendo Milão para viver. Só dez anos depois voltou para o Rio, onde nos conhecemos e fomos parceiros na Denison Propaganda, na Ogilvy e na J.W.Thompson, eu redator, ele diretor de arte, até 1980 quando decidiu ir de vez para Milão. E aí foram 25 anos definitivos, primeiro como diretor de criação da McCann Erickson e depois desfraldando a bandeira de sua própria agência, a Flag.

Como pintor, realizou exposições individuais no Rio e Milão, e participou de coletivas em Buenos Aires, Rio, Milão e Londres.

Em 2005, sofreu um ataque de nostalgia e voltou para Buenos Aires, onde hoje mora num trecho lindíssimo da Cerviño, perto do Zoológico, no bairro de Palermo.

Em 1980, quando ele se foi do Rio para Milão, fiz um poemanúncio em sua homenagem. Título: "Parcerito de mi vida".

## Pedro Galvão

Pedro Galvão nasceu em Belém do Pará. É publicitário: redator e diretor de criação. Trabalhou a partir de 1970 no Rio de Janeiro. Em 1983, retornou a Belém onde fundou a Galvão Propaganda. Como poeta, publicou em 1985 *Velho Pedro vai pra casa*, reeditado em 2005, e em 2007, a coletânea *Bissexto*.

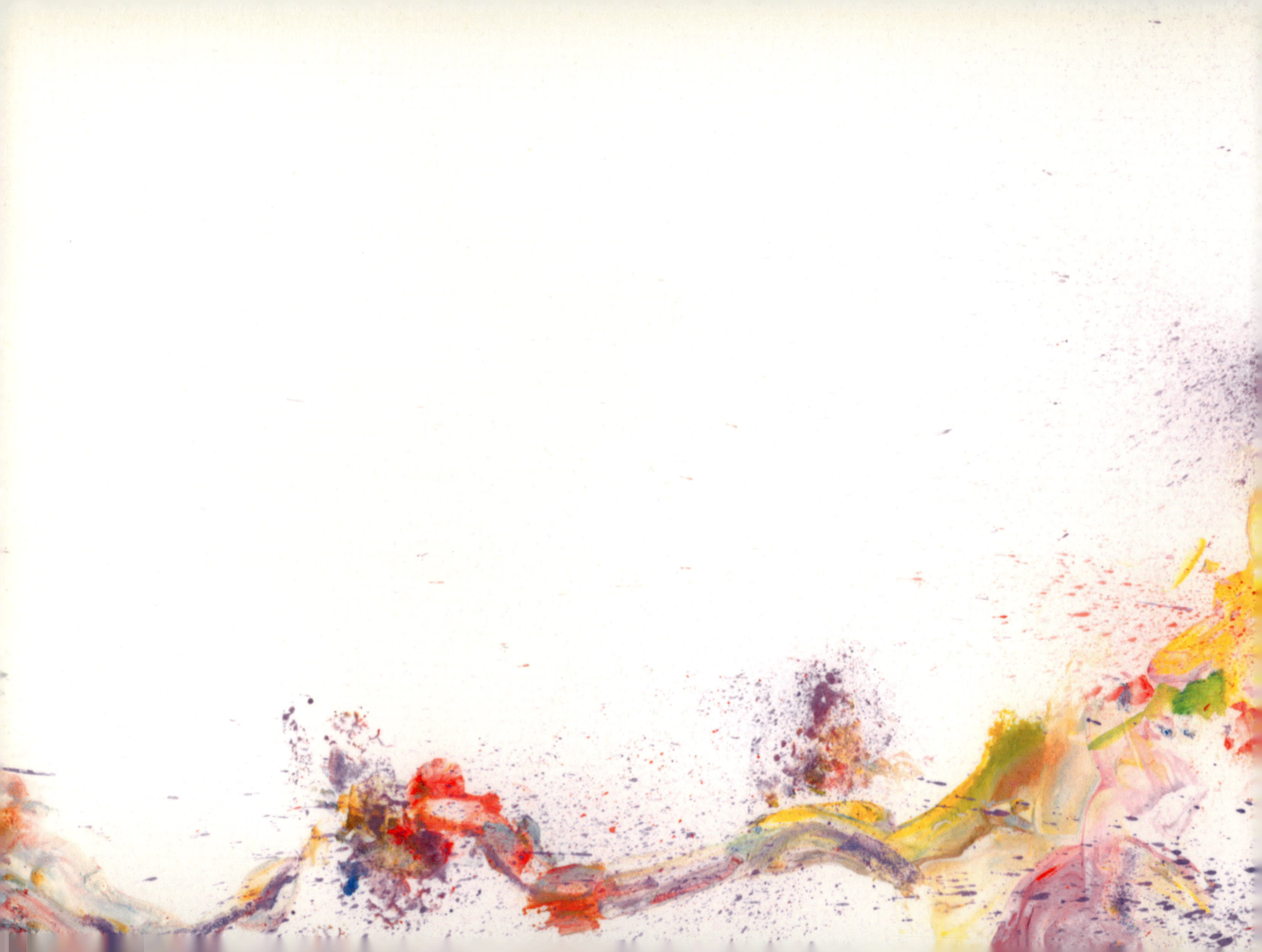

*Tre donne intorno al cor mi son venute.*

Dante – Rime Varie Del Tempo dell'Esilio.


*(...) uma nação não levantará a espada contra outra nação, nem se adestrará mais para a guerra.*

Isaias, 2:4.

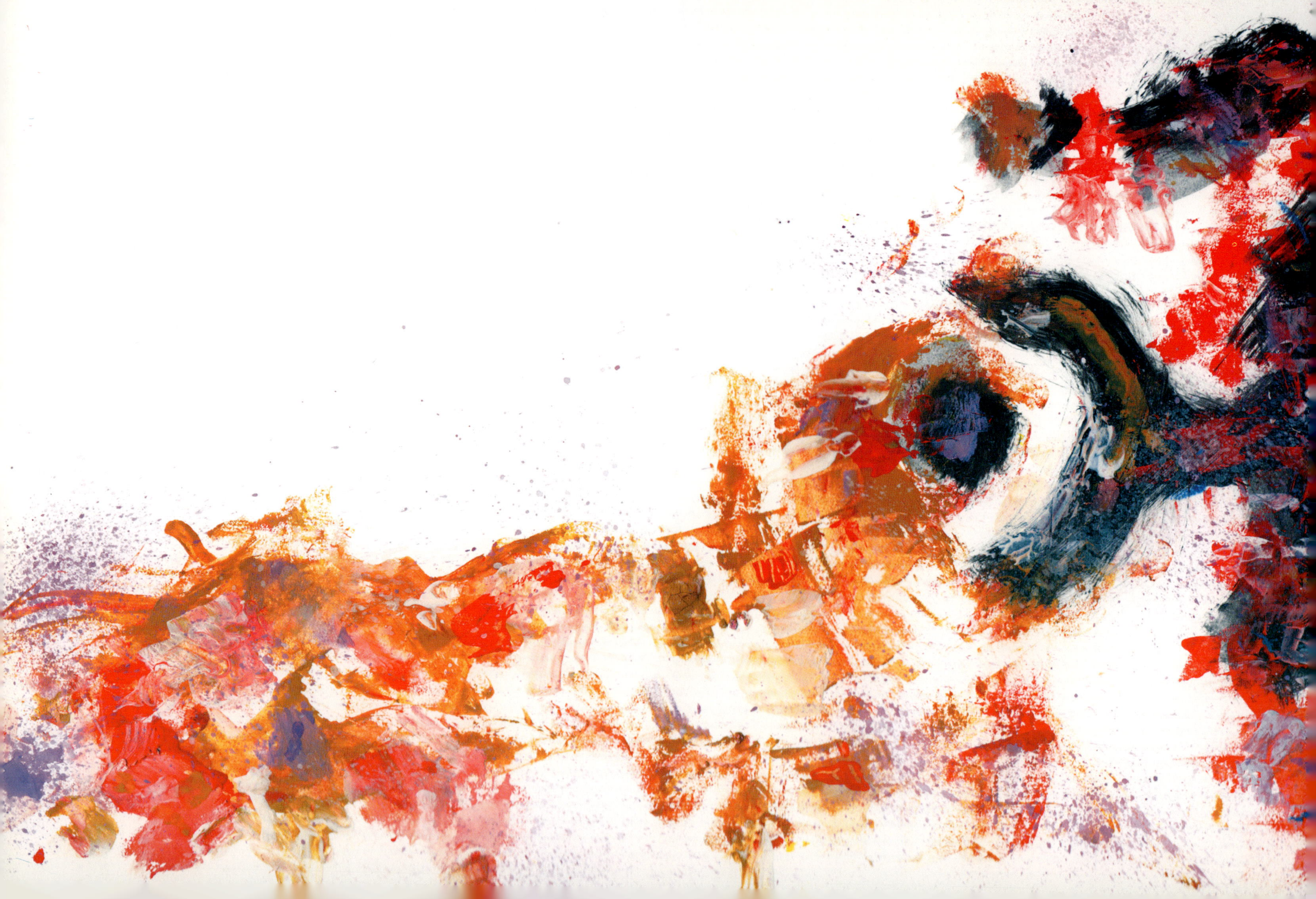

Agora que morri eu ressuscito
tua carne na infinita expiação
do amor sem paraíso, desse grito

que ateia fogo ao céu em danação,
luciferina flor anadiômena
emersa em meus lençóis, anjo do não

na mais nua nudez – dômina – domem-na
e o quanto tem de fera e desvario,
domem a dona, a dona, a dona do homem na

sua fúria de amar a sangue frio,
domem-na minha fome e meu delírio
sobre a lava a escorrer neste ígneo rio:

cama, cama de amar, pira do Empíreo
onde ofertamos nosso corpo em chamas
a um deus que nos anima a mais delírio

e mais incêndio. Ou não? Nem deus nem flamas
nem metáfora ardente, mas sentidos,
mas lábios desatando a rama, as tramas

do seu negro pomar, de seus gemidos.
(A polpa da granada era macia
e explodia nos corpos transfundidos

sob a luz da tevê que nos cobria.)
Caminho sobre ti lambendo a terra,
teus pastos, teus vinhedos, bebo o dia

a raiar em teu peito a língua erra
pelo suor da axila o amor percorre
cada palmo de paz em nossa guerra.

Apalpo a polpa da granada e escorre
hidromel por tuas coxas, logo a aurora
põe fogo em nossos corpos – corre, corre

ai menina de Hué, estrada afora –
a aurora de napalm se derrama
e lavra em nosso orgasmo e queima agora.

É o Vietnã televivo nesta cama
por tanta guerra em trinta e tantos anos
arrebentando as noites de quem ama.

Belo bélico amor. Sobre oceanos
a águia sangra os ares sem piedade,
esse deus louco de implacáveis planos.

Dinheiro é o deus. A absurda potestade
trucida Alá e o Islã desde o Oriente,
chacina as legiões de Mohamad

por amor ao petróleo e no Ocidente
zomba de um deus chamado Deus e atira
suas bombas sobre o crente e o descrente.

A mídia ocidental trança a mentira
do bombardeio humanitário sobre
os Bálcãs, em Belgrado, o deus delira

e com urânio empobrecido cobre
as gentes, como antes devastara
Granada, El Salvador, Beirute, a pobre

Cabul, depois Bagdá e segue para
ordenar o terror desordenado
pelo mundo nas guerras que dispara.

É a vontade de deus ou do mercado?
A culpa nos assalta sem muralha:
a culpa é universal? Deus é o culpado?

Que somos? Só despojos de batalha.
Aterrados no leito, a dor do mundo
assombrando a tevê nos estraçalha.

Mas que luz mais que luz vem do mais fundo
do vídeo em negro azul, será uma estrela,
um cometa, um quasar, um minimundo

ou cósmica centelha ou nave pela
noite? Uma calma luminosa acode
e pacifica nossa angústia ao vê-la.

Mas de repente a imagem nos sacode
e das trevas da treva surge o míssil
rasgando a imensidão e tudo explode.

E o que resta é destroço, troço fóssil
— a fé, a fé de feras, de El Fatat,
de Al Qaedas, intifadas e a difícil

procissão de suicidas por Alá.
Não te assombre a visão desses ressecos
morituros de Deus ao deus-dará.

No entanto talvez chores de olhos secos
como aquela afegã de olhar perdido
e o coração mordendo-se nos becos

como um não-pranto, ilágrime, vertido
na ânfora discreta do teu peito
que mais me faz amar-te, introvertido.

Calada, em luz sangrenta, sobre o leito,
a dor de tua entranha, amor, não cales,
que já sem sonhos, já tudo desfeito

meninos de sua mãe dormem nos vales,
meninos de sua mãe choram nos lares,
meninos de sua mãe vingam seus males

e explodem contra tanques e alcazares.
O autor desses massacres? Buh ou quem?
Que círculo do Inferno e seus penares

lhe acenderia Dante no infralém?
Talvez criasse um décimo, o mais certo
a humanicidas, séculos além.

Ou preferisse o sétimo? Decerto:
o círculo onde ferve o Flegetonte,
rio sangrento e sulfúrico referto

de violentos que ardem, rio sem ponte,
sem margem, expiação ou horizonte
e se afogam em sangue e infernidade.

Mas sorris desta boba veleidade
de evocar o alto inferno literário
quebrando a terza rima — vanidade.

"Não há inferno algum. Baste o ossuário,
baste a cinza no lixo, pó de nada,
baste o silêncio, baste um bestiário",

tua voz assim me toca iluminada:
"*I ain't gonna study war no more*",
não mais guerra e fissão, não mais espada,

cantas o negro espiritual, *no more*
— como Isaías predicou – não mais
nação contra nação, *war no more*.

Mas qual de ti cantou nas cardiais
noites de amor e morte? Diz teu nome,
dá-me agora teu sempre e teu jamais,

tua carne que diz sim à minha fome,
teu ser que me diz não, nunca exaurindo
a fome essencial que nos consome.

És quanta em quanta noite se entreabrindo,
és a que amei, a que amo, a que amarei,
a sempre anadiômena surgindo

e ressurgindo em todas, minha lei.
Capturo a pássara em teu bosque amado
e voo no seu voo em que me deito,

captor em tuas asas capturado.
Sobrevoamos enfim esse oceano
pacífico da noite e, apaziguado,

derramo sobre ti o leite humano
da ternura mais lã, lã de ternura
que tece em tua granada uma romã no

recôndito vergel e transfigura
a fúria em mansidão e se irradia,
quintessência da paz fluindo pura.

E eu te carrego ao fim da travessia
no labirinto quando cais ferida
feita silêncio e sonho e agonia.

É um labirinto? Existe uma saída?
Um poder invisível nos governa?
Se há amor no paraíso e noutra vida

não dormirás sem mim na noite eterna.

Impresso em São Paulo, SP, em junho de 2015,
com miolo em papel couché fosco, 170 g/m², 
nas oficinas da Arvato Bertelsmann.
Composto em Garamond, corpo 13.

Não encontrando este título nas livrarias,
solicite-o diretamente à editora.

**Escrituras Editora e Distribuidora de Livros Ltda.**
Rua Maestro Callia, 123 – Vila Mariana – São Paulo, SP – 04012-100
Tel.: (11) 5904-4499 / Fax: (11) 5904-4495
escrituras@escrituras.com.br
vendas@escrituras.com.br
imprensa@escrituras.com.br
www.escrituras.com.br